Made in the USA
Monee, IL
08 December 2020

51686141R00061